소리 · 열넷

시간관과 현대의 고苦

- 시간관이 다르면 고苦의 질도 다르다 -

말한이 활성 | 엮은이 김용호

KB203818

고요한소리

일러두기

활성 스님께서 2004년 2월 29일과 2004년 11월 21일 〈고요한소리〉 역경원에서 하신 법문을 김용호가 2012년 정리 수정한 것을 이번에 다시 첨삭하여 펴낸다.

차 례

시간관이 다르면 고苦의 질도 다르다

오늘날 우리는 부처님이 '고苦'를 말씀하신 취지를 이해하기가 용이하지 않은 상황에 있는 것 같습니다. 애초에 부처님이 고에 대해 가장 체계적으로 하신 말씀은 〈초전법륜경初轉法輪經 *Dhammacakkappavattana Sutta*〉[1]에 실려 있습니다. 〈초전법륜경〉은 부처님이 깨닫고 나서 하신 최초의 법문입니다. 이 경에서 부처님은 불교의 핵심인 중도中道를 천명하시고, 팔정도八正道와 사성제四聖諦를 설하셨습니다. 부처님이 설하신 성스러운 진리인 사성제는 고〔苦聖諦〕와, 고의 생겨남〔集聖諦〕과, 고

---

1 《상응부》 56:11

의 해결[滅聖諦]과, 고를 해결하는 길[道聖諦]을 제시해 주신 가르침입니다. 왜 부처님께서는 굳이 고를 설하신 것일까요.

부처님 당신에게는 고를 둘러싼 이 사성제가 너무나 명확한 진리 체계이기 때문입니다. 부처님이 열반涅槃을 몸으로 증득해서 누리고 또 보시니까 열반에 이르는 이 길, 즉 사성제, 팔정도의 체계는 명백히 진리인 것입니다. 그러니 부처님 보시기에 이 중생들이 얼마나 딱하겠습니까. 열반은 생각도 못하고, 윤회輪回가 무엇인지, 고가 무엇인지, 그 의미도 모른 채 오로지 오욕락五欲樂에 빠져서 헤어날 줄 모르니까 측은지심을 발하신 겁니다. 부처님은 항상 말씀하십니다.

나는 고苦와 고의 멸[苦滅]을 말할 따름이다.

그리고 부처님은 '깨달은 사람은 다시는 몸을 받지 않는다.'는 점을 강조하시는데, 이 말씀은 윤회를 벗어

6

난다는 뜻입니다. 윤회의 세계가 다름 아닌 고해苦海인 것입니다. 그래서 부처님은 열반을 모르는 중생들의 딱한 처지를 생각해서, '윤회의 고에서 벗어나라. 그러려면 윤회고의 원인인 갈애渴愛를 없애라.'고 하신 겁니다.

갈애는 빠알리어Pāli로 딴하tanhā라고 하는데, 이는 존재에 대한 욕망입니다. 어떻게 해서든지 존재를 지속하려는 강력한 욕망, 이걸 갈애라 합니다. 욕망이라고 하면 식욕·수면욕·성욕·명예욕 등 여러 가지가 있지만, 여기서 말씀하신 갈애는 그런 일반적 욕망이 아니라, '내가 어떻게 해서든 존속하고 싶다'는 존재욕存在慾을 말합니다. 그 욕망에 이끌려 욕계欲界·색계色界·무색계無色界의 어떤 존재든 가리지 않고 취하여 존속하게 되는 겁니다. 갈애에 묶여 해탈解脫·열반涅槃에 들지 못하고 삼계三界를 하염없이 윤회하며 헤매는 거지요.

〈초전법륜경〉에서 부처님은 고苦에 대해 다음과 같이 말씀하십니다.

태어남이 고이다. 늙음이 고이다. 병이 고이다. 죽음이 고이다. 싫은 대상과 만나는 것이 고이다. 좋은 대상과 헤어지는 것이 고이다. 원하는 것을 얻지 못하는 것이 고이다. 요컨대 오취온五取蘊이 고이다.

Jāti pi dukkhā jarā pi dukkhā vyādhi pi dukkhā maraṇaṃ pi dukkhaṃ …; appiyehi sampayogo dukkho piyehi vippayogo dukkho, yam picchaṃ na labhati tam pi dukkhaṃ, saṃkhitena pañcupādānakkhandhā pi dukkhā.[2]

인간을 구성하는 색·수·상·행·식色受想行識의 쌓임인 온蘊들, 즉 색온·수온·상온·행온·식온이 오온이고, 오온에 대한 집착이 오취온인데, 부처님은 바로 이 '오취온이야말로 고'라고 고를 분명히 정의하십니다. 이 말씀은 '윤회하는 존재, 그 자체가 바로 고존苦存'이라는

---

2 《상응부》 56:11, 〈초전법륜경〉 5권 421.

뜻입니다.

존재하고자 하는 욕망에 사로잡힌 우리는 죽기 싫어서 아등바등 몸부림치는 존재입니다. 그러한 존재들에게 부처님이 너희들은 왜 이 명명백백한 열반을 깨닫고자 엄두는 내지 않고 그 어두움 속에 갇힌 채 존재에 중독되어 사느냐고 하신 겁니다. 사실 중독입니다. 존재 양식과 존재의 경험에 중독되어서 그것이 고苦인 줄 모르고 헤어날 생각을 못 합니다. 다시 말하면 중생은 윤회를 당연시하고, 혹시라도 윤회에서 탈락될까 봐 두려워 기를 쓰고 있는 모양새이지요. 그게 안타깝고 가련해서 부처님이 법法을 설하셨던 것입니다. 이것이 부처님이 고를 가르치신 취지였습니다. 부처님이 '윤회가 고'라고 가르치실 수 있었던 것은 당시 인도 사람들이 존재가 윤회한다는 것을 알고 있어서입니다. 죽으면 다시 태어난다는 것을 알고 있었거든요. 다만 동물로 태어날 것인가, 지옥에 태어날 것인가, 천상에 태어날 것인가가 문제일 뿐이었지요. 그러니 부처님이 첫 법문부터 '윤회의 고'를 말씀하실 수 있는 조건이 갖춰져 있었던 것입니다.

부처님이 '윤회'와 '고'를 가르쳐주신 덕분에 우리는 도대체 왜 태어나고, 어디를 향해서 가고 있는 존재인지 알 수 있게 되었습니다. 마침내 우리는 삶의 의미와 방향을 알 수 있게 된 것입니다. 비로소 의미 있는 삶을 제대로 찾아 살 수 있게 된 것입니다. 요컨대 '윤회가 바로 고苦'라는 것을 알게 되었기 때문이지요.

그런데 오늘날에는 윤회의 뜻도 모를뿐더러 물론 윤회고輪回苦도 제대로 이해하지 못합니다. 우리가 윤회 자체를 믿지 못하는 상태에 있기 때문에 '오취온이 고'라는 부처님 말씀이 우리 실생활 속에 스며들 만큼 분명하게 다가오지 않는 것입니다. 더욱이 우리가 살고 있는 이 21세기에는 고의 의미를 알기도 어렵고 고로부터 벗어나고자 노력하기도 무척 어렵게 되어 있습니다.

현대인들이 윤회와 윤회의 고를 알기가 어렵게 된

연유가 무얼까요? 물론 여러 원인이 있겠지만 그 중 가장 중요한 이유 가운데 하나가 시간관의 문제라고 생각합니다. 사람들이 '윤회'를 받아들이기 어려운 것은 서양의 우주관, 그 중에서도 서양의 시간관時間觀이 세계를 지배하고 있기 때문으로 보입니다. 오늘날 인류 문명을 끌어가고 있는 것은 서양 문화이고, 서양 사람들의 뇌리와 심정을 사로잡고 있는 것은 기독교적 관점입니다. 따라서 서구 기독교의 시간관은 어떠하며, 그것이 현대 인류에게 어떻게 고苦를 안겨주고 있는지 알아보는 일이 미상불 중요한 문제가 되지 않을 수 없습니다. 오늘은 이 '시간'에 대한 관념이 '고'와 어떻게 연결되는지 생각해 보고자 합니다.

서양의 시간관

불교와 기독교는 여러 차이가 있지만 그중 핵심적인

것의 하나가 시간에 대한 태도입니다. 기독교는 시간을 '시작이 있고 끝이 있고, 일직선으로 주욱 나아가는 일회성의 것'[3]이라고 봅니다. 시간에 대한 이러한 입장은 지구상에 출현했던 여러 문화 중에서도 대단히 독특한 것이라 합니다. '시간에 시작이 있고 끝이 있고, 일직선의 한 방향으로 나아간다.'고 이해한 것은 유별나게 유태 문화라는군요. 그리스 문화도 아니고 게르만 문화도 아니고 인도 문화도 아니고 중국 문화도 아니지요. 요즈음 우리는 흔히 그런 직선적 시간관이 당연히 보편적인 줄 알고 있지만, 그렇지가 않고 유태

---

3 "시간 의식의 출발점이 자연의 주기현상週期現象이라는 것은 쉽게 추측할 수 있으며, 그렇다면 당연히 사람도 주기적·회기적인 것으로 파악된다. 실제로 인도·그리스·게르만 등 많은 고대 문화권에서 윤회적인 시간이 설정되어 있다. 이것은 인간의 사후死後 시간과도 이어져 있지만, 유태교·그리스도교는 거의 예외적으로 시점始點과 종점을 갖춘 일회성의 직선적 시간구조를 가지고 있는 것이 주목된다."《대영 백과사전》'Time' 항,《학원 대백과 사전》'시간' 항.

12

문화 특유의 개념이라고 합니다.

인간은 누구나 태어나서 살다 죽으니까 시작이 있고 끝이 있는 게 시간이라고 개개인이 그렇게 생각할 수는 있을 것입니다. 그런데 하나의 문화로서 시간에 대해 유태 문화처럼 그러한 개념 규정을 확고하게 갖고 있는 예는 별로 없고, 유태에서 멀지않은 중동 땅에서 한때 번성했던 조로아스터교에서만이 다소 비슷한 견해가 발견된다고 하며, 이와 대조적으로 그리스에서는 지식인들이 윤회輪回에 대해서 생각하고 믿었다고 합니다.4 서양의 게르만 문화에서도 그러한 이야기가 나옵니다. 이렇듯 윤회관은 서양에서도 문화의 주류로 계속 이어오지 못했다 뿐이지 널리 퍼져 있었습니다.

다만 유태 문화가 예외랍니다.

---

4 대영 백과사전 동일 항. 〈고요한소리〉 보리수·마흔여섯 《학문의 세계와 윤회》 참조

하느님이 만물을 창조했으니까 하느님이 존재를 만들 때 시간도 시작되었다. 그리고 언젠가 대파멸·종말이 오는데, 그때는 시간도 끝난다. 그때까지 시간은 일직선으로 진행한다.

이러한 독특한 시간 이해는 절대자 창조주가 전제되는 유태 문화의 산물이라고 합니다. 이러한 유태인들의 유시유종有始有終의 직선적 시간관념은 기독교를 통해 서양에 전해지고, 마침내 인간의 삶에 대해 특정한 태도를 조성합니다. 그런데 문제는 바로 이와 같은 시간관이 지금 인류를 지배하고 있다는 겁니다.

하느님이 인간을 포함해 삼라만상을 창조하셨는데, 인간은 잘못된 행위를 해서, 즉 원죄를 지어 에덴동산에서 쫓겨났다고 하지요. 이렇게 되니 인간의 삶은 시작부터가 대단히 비극적입니다. 역사가 원죄로 시작되는 판이니까요. 최초가 그렇게 끔찍하니 대단히 비장하다 할까 비극적이라 할까 그런 시각에서 시간을 대하게 됩니다. 뿐만 아니라 원죄의 결과는 결국 인류의 종국적 파멸로 이어집니다. 성경의 〈요한 묵시록〉에 있듯이 원죄로 시작하여 종말을 향해서 가고 있다는 겁니다. 그런데 그 종국적 파멸이란 무엇인가? 무시무시한 전 지구적 파멸로, 모든 생명이 최후의 심판을 받아서 천당에 가는 사람은 하느님 곁에서 영원히 지복을 누리고, 지옥에 가는 사람은 거기서 영원한 고통을 겪는다는 게 그 끝입니다. 불교의 입장에서 볼 때 이러한 기독교적 시간관념은 도대체 수용이 안 됩니다.

다양한 사고가 전개됐던 그리스 문화에서도 죽음에 대해서는 자신 있는 말 한 마디 없어요. 그저 하데스 Hades에 간다고 하고는 그 지하의 명계冥界에 떨어진 후에는 어찌 되는 건지 이야기가 불분명합니다. 예를 들면 오디세이가 명계를 찾아가지요. 거기서 과거에 함께 전쟁을 치렀던 영웅들을 만나는데 그냥 모두 하데스 중생이 되어 있었지요. 그리스 문화의 최대 약점

은 사후 세계에 대한 관념이 불분명한 채로 얼버무리
고 지나간다는 겁니다. 플라톤도 윤회 사상을 내비치
고 있지만 그 영향력은 매우 미약했고 그렇다고 직선
적 시간관을 내세우지는 않았습니다. 서양에 직선적
시간관이 소개된 것은 로마 시절에 기독교가 유입되면
서부터이지요. 그로 인해 유태 문화의 시간관념을 이
은 기독교 시간관이 형성되었고 그 시간관이 서양 문
화를 지배하게 되었으며 오늘날 서양의 시간관으로 이
어지고 있는 것입니다.

기독교적 시간관이 서양 문화를 지배한 후로 서양
사람들에게 시간은 어찌 보면 대단히 경외로운 것이
될 수밖에 없었을 것입니다. 시작도 두렵고 끝도 두려
운 겁니다. 그렇게 '두려운 시작'에서 '두려운 끝'으로
향하고 있으니 그 과정에 있는 현재도 두려울 수밖에
없겠지요. 그러니 언제나 두렵고 불안하지요. 이런 유
형의 불안은 뿌리 깊은 스트레스 원源으로서 심층의
무의식에 깊이 잠복하지요. 좀체 표층 의식에 떠오르

지 않다가 어떤 유발 요인이 작용하면 떠오를 텐데 경우에 따라선 급격히 절망감으로 표출될 가능성도 클 것입니다. 그러니 서양 사람들에게는 막연하지만 쫓기는 듯한 불안감을 떨쳐낼 수 없는 것, 끝없이 압박하는 그 어떤 것이 되어버릴 수 있습니다. 불교의 입장에서 볼 때 이런 불안은 기독교적 시간관에서 오는 것입니다. 서양의 시간관이 얼마나 특이한가는 중국 사람들의 시간관념과 대비해 보아도 잘 드러나지 않을까 합니다.

중국의 시간관

　중국에서 역사는 삼황오제三皇五帝에서 비롯됩니다. 삼황오제는 성인이니까 높은 지혜와 덕으로 만민에게 선정을 베풀고 도덕을 가르쳤겠지요. 그것이 중국에서 시간의 시작인 셈입니다. 이렇게 보면 중국에서의 시간이라는 것은 서양과 달리 원죄로 출발하는 끔찍한 시작도 저주스러운 시작도 아닙니다. 그런데 중국의 시간관에서는 시간의 끝에 대한 관념은 찾아볼 수 없습니다. 그러니 일종의 낙관적 상고주의尚古主義라고나 할까요.

이런 생각은 중화中華 질서를 만드는 데도 영향을 미칩니다. 삼황오제가 모든 권위의 시발이고, 중화민족이란 삼황오제의 선정을 누리는 동포이며, 그 바깥에 사는 외족, 소위 외이外夷들은 삼황오제의 은덕을 누리지 못하고 소외된 바깥 무리들, 즉 야만인 오랑캐라고 보았지요. 그리되면 중국은 모든 가치의 근원인 삼황오제의 덕을 사방에 펴서 외이들로 하여금 그 덕을 입도록 만드는 것을 사명으로 삼을 수 있었겠지요. 삼황오제로 시작된 중화민족의 흐름이 끊어지지 않고 지속된다면 시간이 갈수록 외이들이 들어와 복종하며 그 감화를 수용할 것이고, 시간이 갈수록 감화되는 외이들이 늘어나 마침내 온 인류를 솔토지민率土之民으로 만들 수 있다는 것이 그들의 사고방식이 아닐까 싶습니다.

삼황오제의 도道를 펴니까 중국민족이 가는 길은 왕도王道이고 중국에 도전하는 자들은 패도霸道라는 겁니다. 이런 식으로 왕도와 패도를 구별하는 가운데 중화화中華化를 합리화하면서 이른바 중국인들의 정통성을 세우려 애쓴다고 봐야겠지요.

중국인의 사고방식이 그러하니까 자기들은 왕도이고 덕화德化를 펴고 문명화하고 있으니 언제나 선善이라고 상당히 편하게 말합니다. 무력을 쓰더라도 왕도를 펴기 위한 것이라고 쉽게 합리화시키는 겁니다. 이런 편리한 사고방식에 길들어 있으니까, 임어당林語堂의 말처럼 '중국 사람들은 생각을 해도 머리로 안하고 배로 한다.'는 지적도 나올 수 있는 건지 모르겠어요. 그만큼 배짱도 두둑해질 수 있을 테지만 하여튼 딱 '배의 사고방식'입니다. 시작은 있지만 끝은 없는 중국식 시간관념은 오로지 현생 위주의 낙관주의로 보입니다. 이를 좀 더

들여다보면 과거에 중심을 두는 상고적尙古的·중원적
中原的 사고방식과 중국식 시간관념이 궤를 같이하고
있습니다. 그것이 잘되면 온고지신溫故知新이 될 터이
고 자칫하면 과거 지향성·퇴영성退嬰性 문화의 덫에
걸릴 수도 있겠지요.

이 시대의 시간관과 고苦

문제는 이 시대가 당면한 고苦의 특성이 다름 아니
라 온 세상이 서양 시간관에 지배되고 있는 데서 온다
는 것입니다. 앞서 본 고유의 시간관을 가진 중국조차
도 마찬가지입니다. 실로 서양의 시간관은 유별납니
다. 유태 문화의 영향을 받은 그 시간관은 종교뿐 아
니라 과학에도 미쳤습니다. 서양 고전과학에서는 시간
을 공간의 연장이라 생각합니다. 사차원이라는 말도
쓰지요. 삼차원까지는 유클리드의 공간 개념 아닙니

까. 점·선·높이로 해서 부피가 형성되는 삼차원 공간이 있는데, 그 공간의 연장선에 시간을 갖다 놓았지요. 그래서 시공時空 또는 공시空時 space and time라 합니다. 이때 시간은 공간과 같은 정도로 실체성을 띠게 되고 그래서 뉴턴은 '절대시간'이라는 개념을 적용하지요. 이처럼 시간을 공간의 연장선으로 대했으니, 직선적으로 시간을 본다고 할 수 있습니다.

뉴턴만이 아닙니다. 진화론을 편 다윈 잘 아시지요? 다윈도 시간을 그런 식으로 봅니다. 무기물만 있던 곳에서 단백질 합성이 이뤄져서 생명체가 시작됐다는 겁니다. 진화론에서는 태초에 하느님이 있었다는 것만 빠졌지 시간 개념은 똑같이 유태의 시간관 그대로입니다. 어떤 물질적 과정에서 모든 존재의 시원을 찾고, 그렇게 생겨난 종자들이 가지를 쳐가며 일직선으로 진화를 한다고 봅니다. 기독교에서는 하느님에 의해 시작되어 종말로 가고, 다윈은 무기물의 상태에서 생명이 시작되어 진화하며 '그 진화의 정점에 인간이 있다'

고 합니다. 그러니까 시간관은 같은데 진화론에서는 하느님만 뺀 것입니다. 지금도 미국 교육계에서는 진화론이냐 창조론이냐를 놓고 심각한 균열이 있다고 하지요.

사실 진화론은 '인간'을 설명하는 데는 대단히 어설픕니다. 진화론에서의 인간은 겨우 '털 빠진 원숭이'에 불과합니다. 《털 없는 원숭이》라는 서양 책이 있듯이 과연 인간을 '털 빠진 원숭이'로 보고 만족할 수 있을까요?5 진화론이 과학적인 자세로 창조론을 거부했다고 해서 할 일 다 한 것일까요? 그러고도 지성이 할 일을 다 했다고 말할 수 있겠습니까? 거기에는 역시 서양식 시간관의 문제가 있습니다. 서양에서 인간을 해석하는 데 있어서 창조론과 진화론을 떠난 제삼의 인간관에 대한 논의가 별로 눈에 띄지 않는다는 것은 서양식 시간관의 심각한 한계를 드러낸다고 할 수 있습

---

5 〈고요한소리〉 법륜·5 《한 발은 풍진 속에 둔 채》 참조

니다.

앞서 본 바와 같이 이 시대 사람들에게 시간은 긴장해야 하는 대상이고, 언제 파국을 불러들일지 모르는 불안하고 두려운 대상입니다. 또한 사후死後에 대해서도 제대로 된 준비가 없다 보니 시간 자체가 곧 존재의 불안인 것입니다. 서양철학에서의 시간은 단순한 관념적 대상이 아니라 처절할 정도로 불안과 연결됩니다. 키에르케고르 같은 사람은 서양 철학사에서도 빛나는 종교철학자인데, 그렇게 깊고 절망적인 불안에서 고뇌를 시작한 것이 우연이겠습니까? 그의 의식 밑바닥에 유태적 시간관이 작용하고 있는 게 아닐까합니다. 그러고 보니 불교의 '고관苦觀' 중에 수·비·고·우·뇌愁悲苦憂惱가 생각납니다. 그 중의 뇌惱는 고뇌라고 할 때의 뇌로서 빠알리어 우빠아야아사 *upāyāsa*의 한역漢譯이며 절망 상태를 나타내는 것은 아닙니다. 그러나 영역英譯에서는 이를 가장 강도 높은 절망 상태를 표현하는 단어(despair, desperation)로 옮기고 있습니다. 이것은 시간관으로 인하여 서양과 불교가 고를 대하는 자세에서 현격한 차이가 있다는 점을 단적으로 나타내는 예로 보입니다. 불교에서는 그 어떠한 '고'일지라도 절망 상태로 여기지 않고 윤회의 분상分上에서 향상의 기회로 삼아야 하는 것으로 받아들입니다.

그러한 서양의 시간관이 오늘날 인류를 지배하고 있으니 매우 심각한 문제입니다. 서양의 뿌리 깊은 불안이 온 지구촌을 에워싸고 우리를 잠시도 놓아주지 않습니다. 서구식 시간 개념이 온 세상에 퍼지면서 사물을 보는 눈, 사태를 보는 눈을 일괄적으로 도배해버렸습니다. 우리가 거기에 하도 노출되다 보니 어느덧 그런 시간관과 존재에 대한 불안에 깊이 감염되어 버렸습니다. 그것이 오늘날 인류가 겪는 고苦의 성격을 규정하고 있습니다.

전에는 사람들이 존재 상태에 집착하면서 살아왔기 때문에 유표有表한 고苦를 겪게 되면 '아, 이놈의 고가 또 왔다. 이번 것은 참 대단히 심한 고다, 이걸 어떻게 면할까?' 하는 차원에서 고민하고 걱정하고, 어떻게든 피해보려고 애쓰는 식이었지요. 그리고 시간이 지나면 '고가 지나갔다'고 생각하면서 다행이라고 혹은 정상으로 되돌아왔다고 생각했지요. 말하자면 존재고存在苦를 일과성 고로 환원시키려 애쓰며 살아왔고, 그런 노력이 그런대로 통하는 시대를 살아온 겁니다. 그에 비해 오늘날 고의 근원은 존재의 지속이 보장되지 않는다는 점에서 비롯하니까 그 성질이 크게 다를 수밖에 없습니다.

시간에 대해 그렇게 긴장하니까 오늘날 인류에게 시간은 유한한 것이고, 최대한 활용해야 할 것이고, 최대한 우려내야 할 것이고, 최대한 효율적으로 써야 하는 것이 되었습니다. 여러분들 모두가 시간의 노예가 되어가는 겁니다. 시간이 돈이고, 단위 시각 내에 어떻게 생산성을 더 제고시킬 것인가가 발전하는 사회의 척도가 되지요. 그러니까 현대인들이 항시 노이로제와 스트레스에 빠져 헤어나지 못하게 된다는 말입니다.

시간을 언젠가는 끝나게 될 유한한 것으로 보니까 큰 전쟁이라도 일어나면, '결국 끝장이 온 것인가? 지구촌의 종말은 아닌가? 과연 우리 존재는 이제 끝나고 마는가?' 하는 우려로 곧장 증폭되어 버립니다. 이 고뇌는 정말 심각합니다. 왜냐하면 하나의 문제가 전체적·구조적 파국과 연결되어 생각되기 때문이지요. 그런 자세로는 고는 속수무책이며 피해볼 도리가 없는 것이 되지 않습니까. '시간은 끝나게 되어 있다'는 사고방식 위에서 생각하니까 그런 것입니다. 이처럼 서구식 시간관념에 따라 고를 받아들이는 태도에 익숙해진 나머지 '총체적 파국'이라는 관념의 소용돌이에 쉽게 휩쓸려 버립니다. 얼마 전 새 밀레니엄을 맞았을 때 인류의 뇌리를 지배했던 것이 새 천년의 희망이었습니까? 대파국에 대한 불안·공포였습니까?

보통 대파국에 대한 두려움을 너무나 당연하게 받아들이지만, 사실은 당연한 일이 아니라는 것입니다. 서양문화의 전통일 뿐이지 보편한 것도 아니요, 더욱이

26

진리는 아닙니다. 또 더 나아가서는 지구온난화의 예가 입증하고 있듯이 우리의 생각과 자세와 생활 방식이 환경과 상황을 만들고 끌어들이기도 한다는 사실입니다. 실제로 환경 문제보다 더 끔찍한 고苦를 상상하기가 쉽지 않지요. 요컨대 '고'의 문제는 어떤 시간관을 가지는가, 어떤 시간관에 입각해 그 당면 상황을 보느냐에 따라 그 성격이 달라진다는 것입니다.

불교의 시간관

그러면 불교는 시간을 어떻게 보는가? 불교는 윤회輪回라는 관점에서 시간을 봅니다. 불교에서 '시간은 윤회의 장場'입니다. 일직선이 아닙니다.

부처님이 도달하신 열반涅槃에는 시간·공간이 있을 수 없습니다. 부처님은 시간·공간을 넘어서 모든 것을 바라보십니다. 부처님 당시의 현실이나 오늘 여기

27

의 현실이나 부처님 눈에는 오버랩 되어서 똑같이 눈 앞에 있는 겁니다. 오버랩 된다는 것은 시간·공간의 지배를 받으면서 오취온五取蘊 고를 겪는 윤회의 고는 사바세계의 특성으로서 언제 어디서나 마찬가지라는 뜻입니다. 요는 '열반의 세계에서는 시간·공간이 없고, 반면 무명無明에 의해서 생겨나는 윤회의 세계에서는 시간·공간이 있다'는 것입니다.

이처럼 시간·공간이라는 것은 원래 있는 게 아니고 무명이 있기 때문에 있는 겁니다. 이렇게 볼 때 시간이라는 어떤 객관적 실체가 따로 있고, 그 시산의 시작과 끝이 직선적으로 이어진다는 생각은 치암癡暗의 극치입니다. 바로 서양식의 시간관 자체가 무명의 극치인 것입니다. 시작점이 있다면 그 전에는 무엇입니까? 끝이 있다면 끝 다음에는 무엇입니까? 무無일까요? 무에서 유가 창조주에 의해서 만들어 졌을까요? 그렇다면 그 창조주의 존재가 반드시 확인되어야지 신화적 베일로 감춰진 채 넘어가야 한다는 것이야말로 달리 무명을 입증하는 것밖에 더 무엇이겠습니까? 불교에서처럼 무시무종無始無終이라 하면 아무 문제가 없습니다. 시간에는 시작도 끝도 있을 수 없습니다.

만일 시간을 절대적인 것으로 전제하려면, 최초의 절대자 창조주가 있어야 하고, 최초의 말씀이 있어야 하지요. 그러면 최후도 있게 마련이니 인류도 멸망해야 되는 거지요. 그러나 시간은 본래 없습니다. 다만 둥글둥글 순환 회전하면서 돌아가는 운동의 흐름이 있을 따름이고, 게다가 그것은 시작도 끝도 없어요. 흔히 말하는 시간과 공간이란 무명이 있기 때문에 생기는 겁니다. 시간·공간이 없는 진실의 세계에 대해서 모르니까 바로 그 때문에 시간·공간을 상정하는 것입니다. 거듭 말하지만 시간·공간은 원래 있는 게 아니라 무명 때문에 발생하는 것입니다.

시간·공간이 없는 상태를 직접 경험하는 게 결코 쉬운 일은 아니지요. 우리는 시공관時空觀이 지배하는 환경에서 태어난 존재로서 시·공 속에서 살아왔고, 시

·공을 조금도 떠날 수가 없지요. 시간·공간에 완전히 묶여 있습니다. 따라서 '해탈·열반'이라는 말씀이 까 마득하고 도저히 실답게 들리지 않게 마련입니다. 사 실 오늘날 지구상에 불자佛者도 많고 온갖 진리 탐구자 들도 많지만, 시·공간에서 자유로울 사람이 얼마나 될까요? 해탈·열반이 도저히 실감나지 않는 것은 다 름 아니라 윤회라는 불교적 시간 개념을 모르기 때문 입니다. 그러니 무명에서 벗어나 윤회의 사슬을 끊어 버릴 수 있으려면 반드시 불교의 시간관에 눈떠야 할 것입니다.

윤회는 시간에 대한 직선적인 이해를 넘어서는 대단 히 놀라운 우주관입니다. 부처님이 인도를 택하여 태 어나신 것도 거기에 윤회를 받아들이는 문화적 토양이 있었기 때문입니다. 윤회의 시간관을 이해할 만한 문 화가 있었기 때문에 부처님이 거기에 태어나서 법法을 펴신 거지요. 부처님이 유태 땅에서 태어나셨다면 윤 회고의 가르침을 펴기가 쉽지 않았겠지요. 그처럼 시간에 대한 관념은 인간 삶의 방향을 좌우하는 기반으로 작용합니다.

윤회의 시간 개념에서 볼 때 불교는 창조론도 아니요 진화론도 아닙니다. 불교의 입장에서는 물론 창조설과 진화설이 나온 배경을 이해는 합니다. 그렇지만 둘 다 진리로는 인정하지 않습니다. 불교에서는 창조론이나 진화론을 상想이 벌이는 신기루로 볼 따름입니다.

창조와 진화는 일직선이지만 윤회는 일직선이 아닙니다. 진화라는 말 자체가 '앞으로 나아간다'는 뜻이니까 후퇴는 없지요. 그런데 윤회에서는 인간이 좋은 업 지은 만큼 향상도 하고, 나쁜 업 지은 만큼 퇴보도 합니다. 따라서 불교는 일직선적인 향상이라든가, 종국적인 파멸이라든가 하는 단순한 사고방식을 일찌감치 벗어나 있습니다.

또한 시간을 공간의 연장선으로 보는 우愚도 범하지 않습니다. 불교에서 볼 때 그렇게 말하는 시간은 공空

한 것입니다. 공한 것을 놓고 그것을 물질화시켜서 생각하는 사고방식 자체가 성립할 수 없는 겁니다. 그런데 오늘날의 과학6에서도 과거 유태교에서 시작되어 근대의 '절대시간' 개념으로 이어지던 전통을 타파하려는 것만은 분명해 보입니다. 어떤 과학자는 시간이라는 것을 행위의 궤적으로 이해하고 '시간이 흐르고 있다'는 감각은 환상이며, 시간의 시작이라는 문제가 언제 해결 될지 모르는 미제의 숙제라고 하였지요. 그리고 아인슈타인이 어떤 편지에서 '우리와 같은 열성적인 물리학자에게는 과거·현재·미래라는 것은 환상이다.'라고 한 말처럼 서양의 이성이 전통적 시간관을 문제 삼고 있는 예도 보입니다.

무시무종의 윤회적 시간관이기에 불교는 시간을 굉장히 너그럽고 여유 있게 대합니다. 공空하다는 것도 대상의 실재를 부정할 뿐 공 자체는 온갖 것을 다 포

6 Paul Davies 교수 인터뷰 기사 《Newton》, 2013년 10월호.

용하는 너그러움을 말하는 면도 있지 않습니까. 비어 있으니까 뭐든지 그 안에 포용할 수 있지요. 그러한 너그러움, 어머니 품 같은 너그러움, 그런 것이 시간입니다. 따라서 불교에서는 시간에 대해서 긴장하고 증오하고 불안에 떠는 것 같은 일은 생각조차 할 수 없습니다. 그러면 윤회의 시간은 무엇이냐고 물을 수 있겠지요. 업業이 있고 연기법緣起法이 작용하니까 윤회가 있는데, 거기에 시간이라는 발상이 붙은 것일 뿐 시간이 실재한다는 말은 아닌 것입니다. 심지어 지구가 언젠가 파멸해도 성주괴공成住壞空에 의해서 또 새로 생겨나고, 그러면 또 부처가 나와서 법法을 세워 주시니, 숱한 과거불이 있었듯이 미래불도 계속 나타날 것이므로 불안해할 이유가 없는 겁니다.

그런 성주괴공의 시간 속에서 오로지 우리가 신경 쓸 일은 '이놈의 끝없는 윤회의 고를 어떻게 벗어나 해방을 이룩해 낼 것인가?', '시간을 어떻게 자기 향상의 계기로 삼아낼 것인가?'하는 것입니다. 시간! 두려워

할 것도 무서워할 것도 없는데 다만 한 가지, '이 시간을 내가 선용할 것인가 못할 것인가?' 그리하여 '시간을 향상의 계기로 살려내는 데 얼마나 성공할 것인가?', 이것만이 관심사입니다. 개인에게 있어서 시간의 끝으로 보이는 죽음이란 것도 금생에 내가 어느 정도 노력했느냐를 돌아보는 더없이 중요한 계기가 된다는 사실입니다. 거기에 죽음의 진정한 의미가 있는 것입니다. 죽음 앞에서 전율하고, 긴장하고, 마치 마지막인 양 몸부림치고 할 이유가 전혀 없다는 겁니다. 오히려 우리는 금생今生을 마감하는 죽음을 '금생의 내용이 어떠했느냐?'를 점검해 보는 엄숙한 기회로 삼고 그래서 보다 향상하는 내생을 염원하는 계기로 삼아야 할 따름입니다.

21세기의 고품

  불교가 그러한 너그러움 속에서 시간을 대하는 것과
서양의 종말론적 위기감 속에서 시간을 대하는 것과의
차이가 얼마나 크겠습니까. 그런데 불행히 지금 이 시
대를 지배하고 있는 것은 서양 기독교의 시간관입니
다. 오늘날 그 시간관에서 발생하는 긴장이 온 지구촌
을 뒤덮고 있고, 그 영향을 받는 과학기술도 '종말'의
시간을 점점 앞당길 뿐이지요. 여기에 21세기의 '세기
고世紀苦'가 있습니다.

  서양이 퍼뜨린 이 직선적 시간관에서 비롯된 병을
치유하고 건강을 되찾는 일이 무엇보다 긴요합니다.
현대인들이 정말 성급하게 구는 것도 그 병에 감염되
어 그런 것이지요. 그 병이 우리로 하여금 느긋함을
도저히 누릴 수 없도록 경제적, 사회적 체제로 옭아매
어옵니다. 꼼짝 못합니다. 이것이 21세기에 우리가 당
면하고 있는 고苦의 특수성입니다. 그러니 우리가 '고

35

라는 성스러운 진리〔苦聖諦〕'를 도대체 이해하지 못하고 받아들일 엄두도 내지 못하는 겁니다. 이 시대의 고를 빚어낸 서양의 시간관을 잠시라도 내려놓은 다음이라야 비로소 부처님이 말씀하신 '고'의 의미를 천착할 여유가 생길 것입니다.

불교에서 말하는 고苦는 누구나 겪는 보편적인 고인데, 생·노·병·사 등 그런 보편적인 고가 시대적, 지역적 제반 조건에 따라 다양한 변주로 드러납니다. 오늘날을 특징짓는 고는 서구화의 과정을 통해 자기도 모르게 시간의 노예가 되어 버리는 문화에서 발생하는 고인 겁니다. 그러다 보니 인간이 뭔지, 진리가 뭔지는 까마득히 생각조차 못합니다. 그 대신 물질주의니 공산주의니 사회주의니 자본주의니 하는 이데올로기 투성이의 시대, 범람하는 사상들로 뒤덮인 시대가 되어 버렸습니다. 유물론, 유심론 참 얼마나 극단적입니까. 무지無知가 떨어대는 너스레가 쓰레기처럼 쌓인 시대를 우리는 살고 있는 것입니다. 말 그대로 '고생苦生살이'입니다.

하지만 그 이데올로기인들 얼마나 갈 것 같습니까? 레닌 동상이 세워져서 찬양받다가 세월이 바뀌면서 성난 군중들에 의해 끌어내려져 땅에 질질 끌려 다녔지요. '주의'라 이름 붙여진 것 치고 오래 가는 것 있습디까? 지금 자본주의가 극성을 부리고 있지만, 자본주의도 얼마나 가겠어요? 지구촌이 좁아지고 인간들이 그위에서 숨도 못 쉬게 되고 석유가 고갈되고 물도 부족하면, 자본주의가 있을 수 있겠습니까? 소비에 의해서 자본주의가 지탱된다고 하는데, 만일 나중에 소비할 자원도 고갈되고, 지구온난화, 사막화가 더 진행되면 자본주의인들 어떻게 유지되겠습니까.

이런 유의 '세기고世紀苦'의 뿌리는 서양의 시간관에 닿아있고, 바로 거기서 오늘날의 제반 문제가 연원한다는 것입니다. 즉 현 인류가 체계적, 제도적으로 창궐시키고 있는 탐·진·치貪瞋癡 삼독심三毒心이 결국 이 시대의 시간에 대한 그릇된 인식에 뿌리 내리고 있다

37

는 겁니다. 온갖 종교와 철학이 나와도 그것들이 이런 서양적 시간관 위에 서 있는 한 도움이 안 됩니다. 정말 비극적이지 않습니까? 그리스 서사시가 비극이고, 셰익스피어의 사대 비극이 비극이라고 하지만 오늘날 인류가 집단적으로 자멸自滅하고 있는 이 모습에 비하면, 그건 너무 한가하고 편안한 이야기들입니다. 그야말로 옛날 옛적 이야기들이지요. 우리가 겪고 있는 지금의 이 진짜 대大 비극이 어디서 시작되었느냐 그 연원을 찾아보면 서양의 시간관에 그 맥이 가닿으니 실로 뜻밖이지 않습니까.

시간관이라고 하니까 철학적 고담준론高談峻論처럼 들릴 수 있습니다. 그러나 누누이 언급했듯이 이것은 우리의 존립에 직결되는 대단히 중요한 현실 사안입니다. 오늘날 인류가 당장 결단해야 할 최대의 과제는 시간관, 즉 '시간을 어떻게 보아야 하느냐'일 것입니다. 서양의 직선적 시간관이 현재 인류의 생존을 위협하는 모든 요인들의 기반이 되기 때문입니다. 직선적 발전

사관發展史觀 때문에 다른 생명도 죽이고, 자기도 죽을 가능성 앞에 놓인 것입니다. 그렇다고 물론 인류의 존재 목적이 생존 그 자체에 있다는 뜻은 아닙니다.

인간은 향상할 수 있는 능력을 가진 존재입니다. 인간만이 불법佛法을 만나서 향상할 수 있는 능력, 즉 의意mano를 가졌기 때문입니다. 그러니까 인류는 소행이 아무리 어리석을지라도 역시 살리고 볼 일이라는 겁니다. 수많은 사람이 어리석은 짓을 하더라도 깨어난 사람, 눈뜬 사람, 사람다운 사람, 공양 받아 마땅하고 만중생의 복전福田이 될 아라한〔應供: 밥값하는 사람〕이 나오고, 그 길을 따라 인간이 향상할 수 있다면 진정 의미 있는 일이 아니겠습니까. 인류가 살아야 하는 이유는, 다시 말해 인간만이 이 우주에서 해탈·열반이라는 진리를 구현할 능력을 가진 존재이기 때문입니다.

어차피 우주는 성주괴공하니까 인류도 언젠가는 현 지구상에서 사라지겠지요. 그런데 우주의 성주괴공이란, 인간이라는 모순덩어리가 나와서 그 모순을 고해 苦海로 삼아 그 속에서 갈등, 고뇌하는 가운데 해탈·열반을 이루어내는 매우 역설적인 구조를 지탱해 가는 순환 과정인 것입니다. 그 역설적 구조가 바로 사바세계이지만, 그 과정에서 부처가 나오고 아라한이 나오기에 우주 존립의 의미가 살아나는 것입니다. 아라한이라는 졸업생이 배출되는 한 우주라는 학교는 존립할 의미가 있고, 우주가 존재하면 지구라는 졸업반도 있어야 되겠지요. 그리고 부처님이 가르치신 법이 아라한을 내는 교과서 입니다. 그러니 우리는 당연히 이 법을 공부해야 합니다. 아라한을 배출하는 그 법, 원래의 그 신통방통한 역할을 다하는 불법을 잘 살려내고 유지해서 후배, 후손들에게도 넘겨줘야 하지 않겠습니까.

윤회의 시간관으로

앞에서 말한 대로 인간을 해탈·열반으로 이끌어주는 불법을 잘 살려내어 인간의 존재 목적인 향상 공부를 하려면 우선 서양의 시간관 때문에 발생하는 21세기의 고苦로부터 벗어나야 합니다. 또 그러려면 시간에 대한 경직되고 긴장된 태도를 먼저 풀어야 합니다. 그리고 반드시 '업과 윤회'가 무엇인지 눈을 떠야 합니다. 현재 '업'이라든가 '윤회'와 같은 개념이 이 인류에게 과연 보편적으로 수용될 수 있을지 생각해 봅시다.

먼저 미국을 한번 살펴봅시다. 나는 아들 부시 Jeorge W. Bush 대통령 이후 미국에서 유럽 문명이 쇠퇴하고 미국 문화가 일어나는 것을 지구촌에 새로운 시대가 열리는 하나의 가능성으로 바라보고 싶습니다. 부시가 대통령에 당선되고서 '드디어 미국다운 미국의 시작이다.'라고 한 그 말을 '유럽의 연장으로서의 미국은 이제 끝내야 한다'는 뜻으로 보기 때문이지요. 말하자면 유럽의 연장이 아닌 새로운 미국을 기대해 보는 거지요.
'미국다운 미국'이라면 백인·흑인·아시아인의 인종적인 혼합도 있을 거고, 각종 종교의 교류도 있을 거고, 아시아 문화·유럽 문화·이슬람 문화, 또 대륙 문화·해양 문화의 융합도 포함되어 그야말로 용광로를 이루는 것이라야 하겠지요. 그 용광로가 이글이글 타면 그 속에서 쓸 만한 쇳조각 하나 정도는 나올 수 있지 않겠습니까. 그것이 명실상부한 지구촌의 탄생에 도화선이 될 수도 있을 것으로 기대해 보는 거지요. 그런 점에서 긍정적인 미래의 창조라는 측면을 보고 싶은 것입니다. 물론 많은 문제점을 안고 있겠지만 제국주의나 인종주의, 지나친 물질주의로의 경도傾倒 등등 많은 문제점을 안고 있겠지만, 그런 것들은 유럽적 이데올로기와 문화가 점차적으로 퇴조되면 함께 희석되어 갈 수도 있을 테니까요. 이런 변화는 혼자의 역량으로는 버거운 짐일 테지만 이웃들의 도움이 있고 시대의 변모에 때맞춘다면 얼마든 가능하지 않을까요.

'미국'은 하나의 국가를 지칭하는 용어이기는 하지만 그 나라는 오히려 하나의 법체제法體制라 볼 수도 있지요. 세속법이긴 하지만 법률로 탄생하고 법률로 지탱하는 면모가 어느 나라보다도 강하게 드러나니까요. 여느 나라들이 지역적·인종적·역사적 요인에 의해 자연스레 형성된 것과는 매우 다른 특이한 구조물이지요. 그 미국의 법체제에 인류의 발달된 면모들이 만일 결합된다면 어떤 통합적 창조 운동이 일어날 수도 있지 않을까요. 그런데 그동안은 미국이라는 법체제가 유럽 문화를 이어받으면서 유럽적인 한계까지 상속받아 거기에 매여 왔습니다. 이것이 바로 미국의 태생적 문제였습니다. 그런데 유럽으로부터 벗어나 '미국다운 미국'이라는 새 방향을 설정하고 자기 식 걸음을 내디딘다면, 그리고 그런 미국을 아시아대륙이 도운다면 어떤 일이 벌어질까요? 물질적 도움이 아니라 '정신적 도움' 말입니다. 어떤 정신적 도움일까요?

저는 아시아라는 구대륙이 신대륙 미국에게 윤회관

輪回觀, 재생관再生觀, 업관業觀, 그리고 특히 업보관業報觀을 알려줌으로써 미국으로 하여금 지구적 과업을 깜냥껏 튼실하게 한몫 감당해내도록 성숙하는 데 도움을 줄 수 있다고 생각합니다. 그러려면 불교의 시간관을 통해 서양적 시간관에서 탈피하도록 돕는 것이 선결과제입니다. 오늘날 물리학계에서는 '시간도 휜다'는 사실을 발견하면서 시간의 직선 개념을 폐기하는데 성공하고 있잖아요. 또 앞서도 얘기했듯이 시간의 흐름을 환상으로 인식, 통찰하기에까지 이르고 있어요. 이쯤 되면 기독교적 시간관은 탈피하고 있다고 봐야겠고, 어찌 보면 불교의 공관空觀에 근접하고 있는 것 같습니다. 그러나 아직 윤회관에 도달하지 못하고 있고, 오히려 가치관의 혼돈을 초래하여 크게 방황하고 있는 것처럼도 보입니다. 그래서 우주적 질서인 윤리 도덕 면에서는 매우 소극적 자세에 그치고 있는 것처럼 보이기도 합니다.

현재 닥친 인류의 위기를 자연복귀 운동이나 생태주

의 이념 정도로 극복할 수 있을까요? 이미 인류가 칠십억을 넘어서고 지구온난화의 심각성은 현실로 나타나고 있지 않습니까. 위기를 해결하는 길은 머리 놀음도 아니고 육체적 놀음도 물질적 놀음도 아닐 것입니다. 부처님이 제시하셨듯이 결국은 불법*Dhamma*을 알고 잘 행하는 지혜가 퍼져야 합니다. 불법의 지혜에 의해서 인류가 처음으로 당면하고 있는 오늘날의 전지구적 위기를 극복하고 살아남아야 합니다.

이 위기를 극복하려면 현재 닥친 위기의 성격에 대한 이해가 우선적으로 필요합니다. 이미 시작되고 있는 21세기의 위기는 다른 세기의 위기와 어떻게 다른가, 바로 직전 20세기의 위기와 어떻게 다른가를 검토해 볼 필요가 있습니다.

20세기 문제의 특성은 '직선적 시간관과 그에 수반된 관념들이 물리학에 의해 붕괴되기 시작했는데 막상 그 공백을 메워줄 새 시간관은 미처 찾지 못하면서 제반 상황에 내포된 모순들이 감당할 수 없을 만큼 웃자라 불거져 나오기 시작한 데서 온 것'이었다고 볼 수 있지요. 돌아보면 20세기는 절대 국가로부터 상대 국가로, 즉 독립 국가로부터 EU, UN 등 국가 연합으로, 태환 화폐로부터 불태환 화폐로 다시 신용·금융경제로, 철기·철제 무기로부터 핵무기로, 정형·규범으로부터 비정형·규범 붕괴로, 제국주의·식민주의로부터 민족주의·국가주의로 이행하는 세기였지요. 그리고 무엇보다도 뉴턴의 '절대 시간'으로부터 아인슈타인의 상대성 이론에 따른 '변하는 시간'으로 시간 개념이 바뀐 것입니다. 이런 변화들은 지금까지의 서구 역사의 흐름에 견주어 볼 때 기존 가치관의 틀을 뒤흔드는 엄청난 지각 변동이 될 수 있으며, 그에 수반하는 파장도 대단히 클 수밖에 없어 가히 쓰나미적 변혁의 세기라 할 만합니다. 이런 변혁을 순기능하게 만들어야 하는데 그러기 위해서는 보다 큰 그릇으로 담아내지 못하면 넘쳐나는 에너지가 파괴력으로 발전하게 마련이지요. 20세기의 변혁이 지나친 변화가 되어버리지 않도록, '지나침'으로 내뻗어 버리도록 방치하지 않고 더 큰 그릇에 담아내는 과정이 되어야겠지요. 요컨대 문제는 이 모든 것은 '지나침'에서 비롯되었고, 그것은 잘못된 시간관과 밀접한 연관이 있고, 그리고 그 '지나침'을 지나침이 되지 않도록 만들 큰 그릇이 필요하다는 거지요. 그러면 그 다음 21세기의 성격도 어느 정도 규정되지요.

아무래도 21세기는 20세기의 '지나침'에서 야기되는 문제들을 껴안게 된다는 것이 하나의 특징이 될 겁니다. 지나친 파괴력을 막아내고 아예 차원을 달리하여 파괴의 의미를 무화無化시키는 것, 지나친 성장 추구로 인해 빚어진 기후 변화에 전력을 다해 대처하는 것 등등입니다. 국가·거대기업·교육·의료·군사 기구 같은 지나치게 거대하고 복잡하고 둔중한 사회 기제機制의 문제를 직시하고, 그 무엇보다도 지나치게 자유분방한데서 야기되는 온갖 욕구를 제어하는 문제 등을 파악하고 방향 전환을 해내야 합니다. 그러기 위해서

는 '지나침'을 제어하는 '중도中道' 가치의 본격적 추구
가 21세기의 특징이 될 것으로 내다볼 수 있습니다.
일직선적 진행은 극단으로 내달릴 수밖에 없고 극단은
'지나침'이 되기 마련입니다. 그러니 '지나침'을 본질적
숙명으로 하는 일직선적이고 절대적인 사고방식을 완
전히 철저히 극복하고 초탈하는 것이 기본 과제가 될
수밖에 없습니다. 그것은 자연히 시간관에도 정비례로
반영되어야 합니다. 다시 말해 '중도' 추구가 가능하려
면 인류가 불교의 윤회적 시간관으로 바른 견해를 정
립正立하는 것부디가 선행되어야 한다는 말입니다.

  인류가 이만큼 성숙하고 발전해 오느라 얼마나 힘들
었습니까? 오늘 이만큼 법法을 논하고, 윤회고輪回苦에
관심을 가질 만큼 성숙된 데는 길고 긴 성장통의 시간
이 있었던 거지요. 그러다가 이제 겨우 법을 헤아려
볼 만큼의 수준이 되었는데, 여기서 그쳐버려서야 되
겠습니까. 지금까지 기울여온 인류의 노력이 헛되고
의미가 없게 되지 않겠습니까.

석가모니 부처님이 법을 펴신 이후 그동안 많은 아라한이 나오기는 했지요. 그러나 지금부터 정말 사람다운 사람, 진실로 참된 존재, 아라한이 수도 없이 나와야 되는 겁니다. 그래야 이 우주도 힘을 받아서 성주괴공의 진실을 힘차게 시현示現해 나갈 것 아닙니까!

　　부처님이 대반열반大般涅槃에 드시면서 비구들에게 마지막 가르침을 설하셨습니다.

이처럼 비구는 자신을 섬으로 삼고〔自燈明〕

자신을 귀의처로 삼고〔自歸依〕 남을 귀의처로 삼지 말라.

법을 섬으로 삼고〔法燈明〕

법을 귀의처로 삼고〔法歸依〕 다른 것을 귀의처로 삼지 말라.

Evaṃ kho bhikkhu attadīpo viharati

attasaraṇo anaññasaraṇo,

Dhammadīpo

Dhammasaraṇo anaññasaraṇo.[7]

모든 형성된 것은 스러지는 법이다.

주의 깊게 정진하여 방일하지 말고 해탈을 이뤄내도록
하라.

Vayadhammā saṅkhārā.

Appamādena sampādetha.[8]

부처님이 하신 이 말씀은 '너희들에게 내가 법法이라
는 상속을 준다. 이걸 잘 받아서 잘 지니고 살려내라.'
는 가르침입니다. 우리는 법을 알고 실천하며 진리를
구현하는 이 불법이 오래 오래 지속되도록 노력해야
할 것입니다.

여러분이 불교를 만날 때마다 절집에 들어올 때마다
마음으로 한 가지를 생각하고 들어오십시오.

----

7 《장부》 16, 〈대반열반경〉 2권 100쪽
8 《장부》 16, 〈대반열반경〉 2권 156쪽

법法은 크다, 법은 대단히 크다! 그런데 '나'라는 그릇이 너무 작다, 그래서 법문을 듣는다. 오늘 나의 그릇을 넓히러 간다. 자꾸 좁게 옭아매는 평소의 태도를 이 순간만이라도 좀 풀어보자, 느긋해지자. 그래서 법이 무엇인지 느긋하게 한번 들어보자!

이런 너그러운 마음가짐을 늘 다져보십시오. 법문을 들음으로써 자기 사고 영역을 넓혀서 자기 마음의 품을 넓히는 수행이 되도록 하십시오. 그것이 바로 지난 20세기적 웃자람을 막아내는 21세기의 새로운 '큰 그릇'의 조성 과정이기도 하니까요.

여러분, 바보 예찬론도 가끔씩 나왔지요. 왜? 창조는 열심히 노력한다고만 해서 되는 게 아니더라는 말이지요. 창조적 영감 같은 것은 오히려 정신적 노력과 이완弛緩이 교직될 때 비로소 나오는 수가 많으니까요. 그러니 좀 느슨한 것, 좀 어리숙한 것도 필요합니다. 천재들이 자주 경험한다지요. 사실은 알맞게 풀어진 마음, 느긋하게 여유 있는 마음, 그래서 유연한 마음, 이건 대단히 건강한 마음이며 해탈에 통하는 길입니다. 그래서 부처님은 열반을 '무병·건강'이라고도 표현합니다.

> 병 없음이 최상의 이득이고
> 열반은 최상의 지복至福이니라.
> 불사로 이끄는 길들 중
> 팔정도가 안온함인 것을.
> *Ārogyaparamā lābhā*
> *nibbānaṃ paramaṃ sukhaṃ.*
> *Aṭṭhangiko ca maggānaṃ*
> *khemaṃ amatagāminan-ti.*[9]

이렇듯 건강한 마음은 당연히 '불교의 시간관' 그리

---

9 《중부》 75, 〈마아간디야 경〉

고 '업과 윤회'의 이치를 편안하게 받아들이게 될 것입니다.

한 해 한 해 지나가면서 저승 문턱은 다가오는데 그 저승을 내가 어떤 태도로 받아들이고 있는지를 거듭거듭 되돌아보십시다. 아직 여력이 있을 때 자신의 정신 건강 상태를 잘 챙겨보자는 것입니다. '내가 과연 어떤 자세로 시간을 대하고 있는가? 어떤 자세로 죽음을 대하고 있는가?' 곰곰이 돌아보십시다. 혹시 서양식 직선적 시간관에 젖어 있어서 공포로 죽음을 대하고 있는 것은 아닌지, 건강한 안온심으로 대하고 있는지 살펴봅시다. 그리하여 불교의 시간관에 굳건히 입각해서 업과 윤회와 해탈의 의미를 깊이 새기는 공부가 되도록 노력합시다. 부처님 법 만난 이 귀한 걸음들이 헛되지 않고 여러분에게 소득이 있기를 바랍니다. ✿

말한이 **활성 스님**

1938년 출생. 1975년 통도사 경봉 스님 문하에 출가. 통도사 극락암 아란야, 해인사, 봉암사, 태백산 동암, 축서사 등지에서 수행 정진. 현재 지리산 토굴에서 정진 중. 〈고요한소리〉 회주

엮은이 **김용호**

1957년 출생. 전 성공회대학교 문화대학원 교수(문화비평, 문화철학)를 지냄. 〈고요한소리〉 이사.

〈고요한소리〉는

• 붓다의 불교, 붓다 당신의 불교를 발굴, 천착, 실천, 선양하는 것을 목적으로 설립되었습니다.

• 고요한소리 회주 활성스님의 법문을 '소리' 문고로 엮어 발행하고 있습니다.

• 1987년 창립 이래 스리랑카의 불자출판협회BPS에서 간행한 훌륭한 불서 및 논문들을 국내에 번역 소개하고 있습니다.

• 이 작은 책자는 근본불교를 중심으로 불교철학·심리학·수행법 등 실생활과 연관된 다양한 분야의 문제를 다루는 연간물連刊物입니다. 이 책들은 실천불교의 진수로서, 불법을 가깝게 하려는 분이나 좀 더 깊이 수행해보고자 하는 분에게 많은 도움이 될 것입니다.

• 이 책의 출판 비용은 뜻을 같이하는 회원들이 보내주시는 회비로 충당되며, 판매 비용은 전액 빠알리 경전의 역경과 그 준비 사업을 위한 기금으로 적립됩니다. 출판 비용과 기금 조성에 도움주신 회원님들께 감사드리며 〈고요한소리〉 모임에 새로이 동참하실 회원을 기다리고 있습니다.

• 〈고요한소리〉 책 읽기와 듣기는 리디북스RIDIBOOKS와 유나방송에서 만나볼 수 있습니다.

- 〈고요한소리〉 회원으로 가입하시려면,
  이름, 전화번호, 우편물 받을 주소, e-mail 주소를 〈고요한소리〉
  서울 사무실에 알려주십시오.
  (전화: 02-739-6328, 02-725-3408)
- 회원에게는 〈고요한소리〉에서 출간하는 도서를 보내드리고, 법
  회나 모임·행사 등 활동 소식을 전해드립니다.
- 회비, 후원금, 책값 등을 보내실 계좌는 아래와 같습니다.

  국민은행   006-01-0689-346
  우리은행   004-007718-01-001
  농협   032-01-175056
  우체국   010579-01-002831
  예금주   (사)고요한소리

마음을 맑게 하는 〈고요한소리〉 도서

금구의 말씀 시리즈

소리 시리즈

이 도서의 국립중앙도서관 출판예정도서목록(CIP)은
서지정보유통지원시스템 홈페이지(http://seoji.nl.go.kr)와
국가자료공동목록시스템(http://www.nl.go.kr/kolisnet)에서
이용하실 수 있습니다. (CIP제어번호 : CIP2018021901)

소리 · 열넷

시간관과 현대의 고품

– 시간관이 다르면 고품의 질도 다르다–

초판 1쇄 발행 2018년 8월 30일
초판 2쇄 발행 2020년 2월 20일

말한이   활성
엮은이   김용호
펴낸이   하주락 · 변영섭
펴낸곳   (사)고요한소리
출판등록 제1-879호 1989. 2. 18.
주 소   서울시 종로구 인사동길 47-5 (우 03145)
연락처   전화 02-739-6328, 725-3408 팩스 02-723-9804
          부산지부 051-513-6650 대구지부 053-755-6035
          대전지부 042-488-1689
홈페이지 www.calmvoice.org
이메일   calmvs@hanmail.net

ISBN   978-89-85186-94-0 02220

값 1000원